QING SHAO NIAN KE XUE TAN

青少年科学探

U0627690

未解之谜难题

张德荣 编著　丛书主编 郭艳红

考古：考古领域新发现

汕头大学出版社

图书在版编目（CIP）数据

考古：考古领域新发现 / 张德荣编著. -- 汕头：
汕头大学出版社，2015.3（2020.1重印）
（青少年科学探索营 / 郭艳红主编）
ISBN 978-7-5658-1658-1

Ⅰ. ①考… Ⅱ. ①张… Ⅲ. ①考古学－青少年读物
Ⅳ. ①K85-49

中国版本图书馆CIP数据核字(2015)第025965号

考古：考古领域新发现　　　KAOGU：KAOGU LINGYU XINFAXIAN

编　　著：张德荣
丛书主编：郭艳红
责任编辑：宋倩倩
封面设计：大华文苑
责任技编：黄东生
出版发行：汕头大学出版社
　　　　　广东省汕头市大学路243号汕头大学校园内　邮政编码：515063
电　　话：0754-82904613
印　　刷：三河市燕春印务有限公司
开　　本：700mm×1000mm 1/16
印　　张：7
字　　数：50千字
版　　次：2015年3月第1版
印　　次：2020年1月第2次印刷
定　　价：29.80元
ISBN 978-7-5658-1658-1

前　言

　　科学探索是认识世界的天梯，具有巨大的前进力量。随着科学的萌芽，迎来了人类文明的曙光。随着科学技术的发展，推动了人类社会的进步。随着知识的积累，人类利用自然、改造自然的的能力越来越强，科学越来越广泛而深入地渗透到人们的工作、生产、生活和思维等方面，科学技术成为人类文明程度的主要标志，科学的光芒照耀着我们前进的方向。

　　因此，我们只有通过科学探索，在未知的及已知的领域重新发现，才能创造崭新的天地，才能不断推进人类文明向前发展，才能从必然王国走向自由王国。

　　但是，我们生存世界的奥秘，几乎是无穷无尽，从太空到地球，从宇宙到海洋，真是无奇不有，怪事迭起，奥妙无穷，神秘莫测，许许多多的难解之谜简直不可思议，使我们对自己的生命现象和生存环境捉摸不透。破解这些谜团，有助于我们人类社会向更高层次不断迈进。

　　其实，宇宙世界的丰富多彩与无限魅力就在于那许许多多的难解之谜，使我们不得不密切关注和发出疑问。我们总是不断地去认识它、探索它。虽然今天科学技术的发展日新月异，达到了很高程度，但对于那些奥秘还是难以圆满解答。尽管经过古今中外许许多多科学先驱不断奋斗，一个个奥秘被不断解开，推进了科学技术大发展，但随之又发现了许多新的奥秘，又不得不向新问题发起挑战。

宇宙世界是无限的，科学探索也是无限的，我们只有不断拓展更加广阔的生存空间，破解更多的奥秘现象，才能使之造福于我们人类，我们人类社会才能不断获得发展。

为了普及科学知识，激励广大青少年认识和探索宇宙世界的无穷奥妙，根据中外最新研究成果，编辑了这套《青少年科学探索营》，主要包括基础科学、奥秘世界、未解之谜、神奇探索、科学发现等内容，具有很强系统性、科学性、可读性和新奇性。

本套作品知识全面、内容精炼、图文并茂，形象生动，能够培养我们的科学兴趣和爱好，达到普及科学知识的目的，具有很强的可读性、启发性和知识性，是我们广大青少年读者了解科技、增长知识、开阔视野、提高素质、激发探索和启迪智慧的良好科普读物。

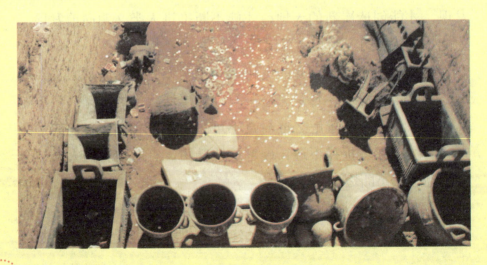

目 录

令人震惊的满城古墓

官兵意外发现古墓

1968年5月，解放军北京军区工程兵某部悄悄地开进了河北省满城县，他们将在县城西南一座海拔只有200余米的孤山上执行一项秘密的国防施工任务。

5月23日下午15时，当机电班的战士们在一个距离山顶30米处朝东地带打眼放炮时，一个奇怪的现象发生了，因为这次放炮并没有像往常那样崩下来许多碎石头。对于这一奇怪现象，战士们决定上前看个究竟。

不料，走在最前面的一名战士，突然感到双脚还没站稳便失去了支撑，随即身体又随着刚刚崩起

的碎土石渣猛然往下沉去，没等他明白是怎么回来，整个人便已掉进了一个漆黑的山洞里。

黑咕隆咚的山洞中，伸手不见五指，彻骨的凉气袭人周身，特别是一股十分古怪而强烈的气味扑鼻而来，让人心生胆怯，毛骨悚然。

好在这名战士倒也胆大，他并没有惊惶失措，而是稍稍稳了稳神情后，便急忙朝透着微弱光亮的地方爬去。不一会儿，这名战士便看到班长正带领几名战士也爬进了洞里。

他们打着手电走进洞里后，发现地上散落着许多凌乱而腐朽的木料，还有许多造型奇特而古怪的铁器、陶器和青铜器等。好奇心促使他们顺着洞穴往里面走去，没想到越往里走空间越大，而且地上散放着大大小小、样式古老且数不清的生活用具。这时，一个老兵说："我们可能挖到古墓了！"

经验丰富的班长反应道："对，这肯定是一座古墓，我们必须立即向上级报告。"

然后，他们选取几件自以为有代表性的器物爬出山洞，随后又将洞口重新封堵，细心的班长还留下两名战士作为隐蔽哨，对洞口实行严密的监视和保护。

班长的汇报，引起了部队领导的高度重视。一天后，一份标有"绝密"字样的情况报告和战士们带回的几件文物，便摆放在了河北省主要领导的办公桌上。

在战士们带回的4件文物中，除了3件镏金的器物底座外，还有一件刻有"中山内府"字样的青铜器，这使省领导和省文物部

门的专家们感到了这一事情的重要性。

因为"中山"指的是中山国，而在中国的历史上曾经出现过两个中山国，一个是春秋战国时期的鲜虞中山国，另一个则是西汉时期的中山国。不过，无论是属于哪一个中山国时期，至少说明这座古墓距今已有2000多年的历史，这无疑将是一次重大的考古发现。

满城汉墓的经典结构

著名考古学家郭沫若专程莅临考证，确定为西汉中山靖王刘胜的墓穴。尔后，于刘胜墓北侧发现其妻窦绾之墓。满城汉墓位于满城县城西1500米的陵山主峰东坡上。

据《史记》和《汉书》记载，刘胜系汉景帝刘启之子，汉武帝刘彻的异母兄长。公元前154年，被封为第一代中山国王，满城汉代时称北平县，属中山国。刘胜死于公元前113年，在位42

年，葬于满城县陵山。另据《三国志》记载，刘胜系蜀汉昭烈帝刘备的先祖。

墓室由开凿岩石而成，全长51.7米，最宽处37.5米，最高处6.8米，容积2700立方米。墓室的结构是经过精心设计的。墓室顶部呈拱形，室壁呈弧形，没有直壁和直角交叉的形式，这种结构确保汉墓至今保存完好，墓室布局完全模仿地上的宫殿建筑，由墓道、通道、南耳室、北耳室、中室、后室6个部分组成。原来在岩洞内还建有瓦顶的木结构房屋，后因木料朽腐而倒塌。两墓的后室，都是在岩洞中用石板建成的石屋、主室和侧室3部分。

主室象征内寝，内置汉白玉石铺成的棺床，上置棺椁。主室南侧的小侧室象征盥洗室，墓内有完整的排水系统。

窦绾墓和刘胜墓大体相同，全长49.7米，最宽处65米，最高处7.9米，容积3000立方米。刘胜墓墓道口以土坯封门，窦绾墓以砖封门。在砖墙、土坯墙之间又浇灌熔化的铁水，铸成一道铁墙，封闭得十分牢固。

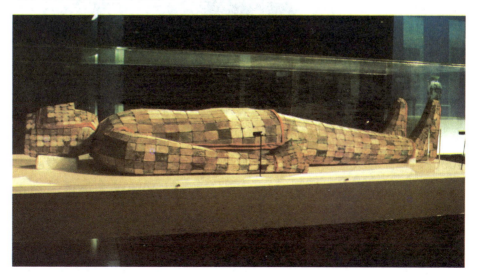

古墓中的珍贵宝物

两墓出土金、银、铜、铁、玉石、陶、漆等器物、丝织品、银鸟篆壶和医用金针等文物10633件，其中有较高文物价值的4000余件，尤以金缕玉衣、长信宫灯、错金博山炉最为珍贵。

墓主人的两套完整的金缕玉衣，是国内首次重大发现。衣用玉片制成，玉片间以金丝编缀。

金缕玉衣是汉代皇帝和高级贵族死后的葬服。按封建等级不同，玉衣有金、银、铜缕的分别，用金缕的等级最高。

据《后汉书．礼仪志》载，皇帝"玉衣"用金缕；诸侯王、列侯、始封贵人、公主用银缕；大贵人、长公主死用铜缕。刘胜的玉衣长1.88米，用玉片2498块，金丝约1100克，分头面、长衣、裤、手套和鞋5部分。窦绾的玉衣长1.72米，用玉片2160块，金丝约700克，结构相同。

墓中出土的长信宫灯是一件罕见的古代艺术珍品。高0.48米，通体镀金。灯的设计精巧，宫女造型生动，灯身为一跪座执灯的宫女，左手执灯盘，右臂袖口下垂成灯罩，灯盘短柄手转动，盘上有灯罩可以开合，可根据需要调节亮度及照射方向。

灯光的烟可通过宫女的右臂进入体内，附着于体腔而保持室内洁净。灯的各部分既是一个完美的整体，又可拆卸各部便于清洗，灯上刻铭文65字。

墓中出土的错金博山炉是一种熏炉，高26

厘米，通体用金丝错出精致的纹饰。

把香料放入点燃，烟通过炉盖的许多小孔，袅袅上升，弥漫房中，炉盖高而尖，铸成山峦重叠之形，以象征海中博山，故称博山炉。错金博山炉工艺之精湛，举世罕见。

满城汉墓出土文物数量多，品级高，文物科技价值和工艺价值高。满城汉墓的发掘，为研究西汉时期的政治、经济、军事和文件科学技术提供了重要的实物资料，充分体现了古代劳动人民的勤劳和智慧。

1982年7月，满城汉墓被列为河北省重点文物保护单位。1988年1月，被国务院定为全国重点文物保护单位。

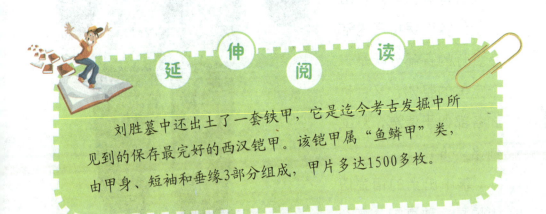

延 伸 阅 读

刘胜墓中还出土了一套铁甲，它是迄今考古发掘中所见到的保存最完好的西汉铠甲。该铠甲属"鱼鳞甲"类，由甲身、短袖和垂缘3部分组成，甲片多达1500多枚。

清昭西陵隐藏的秘密

昭西陵之谜

清东陵位于北京东遵化市马兰峪，距北京125千米。这座大清国皇陵始建于1661年，共有帝、后、妃陵寝14座，其中皇帝陵5座。在这块"风水宝地"，修砌了一圈长达20000米的风水墙，与长城之北几百平方千米的"后龙"风水禁地共同构成整个陵区。然

而，清东陵所有的帝后寿宫均在风水墙圈内，唯独有一座皇后陵寝，即昭西陵，建在陵墙之外，这是为何呢？

昭西陵在陵墙外的原因

按清朝祖制家法，孝庄文皇后和她的姑母端庄文皇后，即皇太极的皇后，一样归葬沈阳的昭陵，与太宗皇太极合葬方为正理。可是孝庄文皇后在几十年中用心血培养抚育起来的儿子顺治帝的孝陵和孙子康熙帝的墓陵都建在了遵化的昌瑞山下，远离儿孙，她实在难割难舍，况且古代又有"尊者先葬，卑者不得入"的说法。

因此她在临终前给康熙帝留下了这样的遗言："太宗文皇帝梓宫安奉已久，不可为我轻动，况我心恋汝父子，不忍远去，务于孝陵近地安厝，则我心无憾矣。"

康熙帝是大孝之人，他既不敢破坏祖制，也不愿违背祖母的遗命，因此他想了一个折中的办法，决定在孝陵之南大红门外东侧建了一座暂安奉殿，把祖母的梓宫停放在内。这一停就是37年之久，康熙帝终生未能解决祖母的陵寝问题，1725年，雍正帝将暂安奉殿改建为陵，命名为昭西陵，于1725年12月将孝庄文皇后梓宫正式葬入昭西陵地宫。

孝庄文皇后是皇太极的皇后，她的陵叫昭西陵，从这个陵名上就可以知道这座陵与沈阳的昭陵是属于同一体系，与清东陵是两个体系，所以必须建在东陵的风水墙外，以示区分。

专家还认为，昭西陵建在风水墙外是有一定道理的，因为风水墙内，顺治皇帝已经占据了至高无上的位置，作为母亲的孝庄

葬在任何一个地方，地位都会低于她的儿子，所以建在风水墙外是比较合适的。

一个女人，一个昭西陵，给后人留下了说不完的故事，解不开的谜。

延 伸 阅 读

摄政王，即代替或代表出国的、年幼的、生病的或神志不清的君主行使国家领导权的人。通常由君主的亲族或戚族担任。如我国清世祖时睿亲王多尔衮摄政，宣统中醇亲王载沣摄政。

吕洞宾墓是真是假

吕洞宾与吕祖墓

吕洞宾，著名的道教仙人，八仙之一、全真派北五祖之一，全真道祖师，钟、吕内丹派代表人物。

他曾在终南山中修道，后浪游江湖，自称为"回道人"，道教徒尊称他为"吕祖"。相传，吕洞宾的墓在永乐宫门外东约200

米处。在高大的墓冢前面竖立着元代所刻的石碑，上书"大唐纯阳吕公祖墓"几个大字。

史无前例的墓葬

为了迁建永乐宫，1959年12月至1960年1月，山西省文物考古部门对吕洞宾墓进行发掘整理。不料清理现场时，竟出现了令人惊异的现象。在墓室内，考古工作者们看到了两具尸骨，后经鉴定得出，这是一男一女的两具尸体。

工作人员在女尸的口中和尸体的周围还发现了7枚宋代流通铜钱。这结果实在使人惊诧不已，世代相传的吕祖墓，竟然是男女合葬墓。

而根据我国的民俗，只有夫妻死后才能合葬。那么，墓中男人若为道士就不好解释了，甚至有辱道家的声名。

可是，经考古研究人员的研究和考证，这座墓不像是两次迁葬墓，那么当年他们是一同入土的，而那7枚铜铁又是宋代流通的货币，如此看来，这座古墓就很有可能不是吕洞宾的墓。

吕祖墓是男女合葬吗

但是，在吕祖墓附近，考古工作者又发掘了元代全真教领袖宋德方和永乐宫主持潘德冲的墓。看来永乐宫周围确实是道教先师的丧葬之地。

在这块道教圣地上，怎么会出现男女合葬墓？如果根据从古墓中得到的

发现否定这座古墓是吕祖墓一说，那么，此地的旧方志中记载的永乐镇在唐代就修建吕公祠，而且还记录的唐以后历朝历代所进行的祭祀又该如何解释呢？

延 伸 阅 读

　　终南山，又名太乙山、地肺山、中南山、周南山，简称南山，是秦岭山脉的一段，素有"仙都"、"洞天之冠"和"天下第一福地"的美称。研究表明，终南山为道教发祥地之一。

虞姬墓到底在哪里

虞姬葬在何处

虞姬是《霸王别姬》的女主人公，即是项羽的爱妃。据历史史料记载，虞姬是一个才貌双全的女子，虞姬不仅长得美丽，舞姿也是楚楚动人，还有她的剑，也同样挥舞得轻盈如水。

她的故事，在历史的长河上留下了不可磨灭的烙印，感动了一代又一代人。虞姬死后到底葬在哪里呢？现在大体有4种流传较为广泛的说法。

安徽省定远县说法

第一种说法认为，安徽省定远县是虞姬的殡丧之地。公元前202年，楚汉相争，霸王的爱妾虞姬墓，又称"嗟虞墩"，就位于该乡东北3000米处。

墓地为一大土堆，椭圆形，顶呈三瓣，底部直径约69米，高约29米，墓上草名为美人草。墓前原有一石碑，碑文为：

西楚霸王虞姬之墓

碑两旁有一副对联这样写道：

虞兮奈何，自古红颜多薄命；
姬耶安在，独留青冢伴黄昏。
横批：巾帼千秋

墓侧曾建有虞姬庙，庙内塑有项羽、虞姬像，人物造型极为生动。虞姬柳眉杏眼，明眸皓齿；项羽气宇轩昂，刚强剽悍。塑像四周，诗词歌赋的石刻林立。

在唐宋年间，灵璧作为京师通往东南地区的必经之道，文人墨客往往三五成群到虞姬墓前凭吊览胜，然后吟诗填词以发思古之幽情。如今，在定远县内，已经找不到虞姬墓了。可是，这种说法依然流传。

灵璧县之说法

第二种说法是把虞姬墓定在安徽省灵璧县。相传，虞姬自刎后，项羽带着她的尸体，向南奔走，不料汉兵追至，项羽无可奈何地丢下了虞姬的尸体。后来这里出现的村庄就叫"霸离铺"意指霸王别姬之处。

项羽突围后，虞姬的尸体被来不及突围的楚兵移葬于"霸离铺"东2500米处，后来这里出现的村庄就叫"虞姬村"，两处自得名以来，至今沿袭不变。

在今天的灵璧，人们仍能看到传说中虞姬的墓碑，上面还刻有"巾帼英雄"4个字。对这种说法，古人也曾多次质疑，认为是后人附会的。

安徽和县说法

第三种说法是虞姬墓在安徽和县。清代道光年间，安徽省和县的《和州志》中记录了这个说法：美人虞姬当年自刎后，项羽将她的头系在马脖子上突围奔骑。经过一座山下时，原来插在虞姬头发上的兰花失落。于是，后人把这座山改叫"插花山"，山上建有"插花庙"，也叫"鲁

妃庙"或"虞姬庙"。

直至今天，每年的3月3日，当地群众都要戴着野花到插花山的虞姬庙里祈祷求子。

江苏省江浦县说法

这种说法使虞姬墓定在了江苏省江浦县。今天江浦县南25千米有一个"兰花乡"，在兰花乡南3500米桥林镇西，还有一座"失姬桥"。

相传项羽垓下突围后，到达今天江浦县的兰花乡，遇到汉兵的围追，虞姬酷爱兰花，她头插的兰花曾失落在塘埂上，从此，这塘埂附近的山坡便长满了兰花。人们就将这口塘称为兰花塘，这个地方就称为兰花乡。

虽然流传种种，但是虞姬墓地到底在哪里，至今还无法确定。

延 伸 阅 读

安徽省定远县二龙乡谭村西沿有一条从北向南的4500米长岗丘，这就是项羽从垓下，即今安徽灵璧县垓下村败逃，被"汉兵围之数重"的古战场，山上有一个高20米的大土堆，传说就是项羽爱妾虞姬墓，后人称之为虞姬墩。

让人生疑的香妃墓

香妃是容妃吗

　　香妃，是新疆回部叛乱首领霍集占的王妃，长得天姿国色，生来身上就有一股奇香，不需香草、香汤熏洗，所以人们都称她"香妃"。清朝乾隆皇帝倾心于她的美貌，令她入宫为妃，但香妃对乾隆是宁死不从，最后被皇太后赐死。

　　乾隆闻讯后十分悲痛，随即下令，用软轿将香妃遗体抬回新疆喀什安葬。

　　一些专家查阅了清宫档案之后认为，传说中的香妃，实际上则是乾隆的宠妃，也就是容妃，她是乾隆40多个嫔妃中唯一的维吾尔族女子。也有人认为，容妃是容妃，香妃是香妃，两者风马牛不相及。

香妃墓地在哪里

　　在新疆喀什噶尔东北郊的伊斯兰墓群中有一座香妃墓。墓旁还停放着一架"驮轿"，传说就是当年把香妃尸体运回故乡安葬的灵轿。人们相信，美丽贞烈的香妃就埋葬在这里。

　　河北遵化县马兰峪清东陵裕妃园寝中，有一座容妃墓。1979年10月被发掘，地宫有两个券堂组成，均为拱券石结构。在金券的宝床上，停放一红漆棺木，棺帮为盗墓人砍开一大洞，棺中已空，棺头正中有数行回文文字，意为"以真主的名义……"

棺木西侧有一具头骨，西北角又有一根0.85米长的花白发辫、青缎衬帽、包头青纱等，还有一些龙袍残片和几件织物，织物上织有"江南织造臣成善"字样，墓中还存有如意、荷包、宝石、猫眼石等。棺头文字表明墓主为伊斯兰教信徒，龙袍和猫眼石等证明其身份为妃子，由花白发辫推断死者为55岁左右，织物上"成善"为乾隆五十三年的织造官，可见这才是真正的容妃墓。

另外，在北京城南陶然亭的东北角也有一座大冢，碑面刻着"香冢"两个字，碑的背面，刻着一首哀婉凄切的词。有人认

为，这才是真正的香妃墓，是在乾隆的授意下安葬在这里的，为的是他能随时凭吊。

如今留给人们猜测、凭吊的就是这样3座墓地，至于谁是真正的"香妃"的归宿之地，却仍然是一个不解之谜。

延 伸 阅 读

香妃本名买木热·艾孜姆，自幼体有异香，被称为"伊帕尔罕"，即香姑娘。她被清朝皇帝选为妃子，赐号"香妃"。其实"香妃"确有其人，与发动"大小霍加之乱"的波罗尼都兄弟是堂兄妹，是阿帕克霍加的重侄孙女。

难辨真假的曹雪芹墓

青年李景柱发现墓志

1968年冬，在北京通州张家湾村，人们正在进行平整土地的大会战。该村青年李景柱在无主墓地的地下一米处发现一块长1米，宽0.4米，厚0.15米的青色基石。李景柱见石上刻有"曹公讳墓"字样，右下角还有"壬午"两个字，便想这可能是曹雪芹的

墓志。

1991年，张家湾镇政府拟建公园，立碑林，李景柱将墓志无偿献出，立即引起了红学界巨大的轰动和关注。

红学界人士的争论

文物鉴定家秦公认为，这石碑可能是伪造的。他的理由是：石碑的用石不合理，没有一个平面，说明原来不是用来作为石碑的；字在碑石上的位置不妥当，墓志的最后一笔十分接近下缘；文法不合理，碑上不应称"公"，而应称"群"，如称公，应称其字；落款也不合理，应有立碑人等。

红学家杜景华则断定："石碑不是伪造的。"他说："石碑出土于1968年，那时没有必要伪造一块曹雪芹的墓碑。"他还认为，曹雪芹死于壬午，是"心红学派"创始人胡适和俞平伯的说法。但大多数红学家持"癸未"说。如果石碑是伪造的，那碑上为什么不落款"癸未"，以迎合大多数人的观点呢？他还推测，曹雪芹死前家境非常困难。被债主们逼得没办法，曹雪芹躲到张家湾昔日曹府的一个仆人家，可没想到，曹雪芹竟死在仆人家。仆人草草将他埋掉，并草草为他刻了这么个碑。

据介绍，著名文物鉴定专家傅大囡曾亲自来鉴定此墓石的真伪，他认为这块石头是真的。然而，部分红学界的知名学者却表示不能苟同。其中，周汝昌从墓石字体"不合乾隆年间书体"等几个疑点入手，力证墓石是伪造的。

红学会副会长蔡义江全面否定了曹雪芹葬在张家湾的可能

性。他认为，根据文字史料，曹雪芹只可能死于西郊，不可能死于东郊。还有很多红学家提出自己的看法。究竟这墓石是否是为曹雪芹立的，学术界还在争议中。

延 伸 阅 读

　　墓石出土于1968年秋。1969年，墓石发现者李景柱盖房时，把它当做了东房山墙的基石。1991年，李景柱家再次翻建房屋时，才把这块墓石又找了出来。在这段时间内，没有往墓石上刻字作伪的可能。

世界上最大的坟墓

最大的坟墓在哪里

谈到世界上最大的坟墓，一般人都会想到埃及的胡夫金字塔。实际上，最大的坟墓是我国的秦始皇陵。胡夫金字塔每边长约232米，高约146米，而秦始皇陵规模比它庞大得多。

根据实地调查，秦始皇陵为夯土陵丘。内城为长形，周长2525.4米，东、西、北三面建置城门；外城为长形，周长6294米，东墙建置城门。陵园总面积为56.25万平方米，相当于78个故

宫的大小。

　　据史书记载，秦始皇嬴政从13岁即位时就开始营建陵园，由丞相李斯主持规划设计，大将章邯监工，修筑时间长达38年，工程之浩大、气魄之宏伟，创历代封建统治者奢侈厚葬之先例。

秦始皇陵的地下宫殿

　　秦始皇在到处寻找长生不老秘方的同时又驱使20万人到骊山，为自己兴建坟墓，他想把生前的荣华富贵全部带入地下。

　　陵园按照秦始皇死后照样享受荣华富贵的原则，仿照秦国都城咸阳的布局建造，大体呈"回"字形。

　　陵墓建筑的核心部分是地下宫殿，位于封土堆之下。地宫面积约18万平方米，中心点的深度约30米。陵园以封土堆为中心，四周陪葬分布众多，内涵丰富、规模空前，除闻名遐迩的兵马俑陪葬坑、铜车马坑之外，又新发现了大型石质铠甲坑、百戏俑坑、文官俑坑以及陪葬墓等600余处，数十年来秦陵考古工作中出土的文物多达10万余件。

地下宫殿的历史记载

据历史记载，墓内建筑灌有铜液，结实坚固。墓中布置有宫殿，丞相等百官塑像按职位高低排列两旁，像生前朝见秦始皇一样。珠玉珍宝，更是多得不可计数。又用人鱼膏做烛，在墓中燃烧，如同白昼。

为防止后人盗墓挖宝，又令工匠制弓弩，如有人穿坟入内，弓弯便会自动放射。秦始皇尸体入墓，将没有生子的宫女，全部活埋殉葬。为了防止工匠泄露机密，不待工匠出来，封闭墓门，工匠都被活埋在里面。

秦始皇为何将没有生子的宫女殉葬呢？他目的何在呢？目前，还不清楚。

世界第八奇迹

秦始皇陵是世界上规模最大、结构最奇特、内涵最丰富的帝

王陵墓之一。秦始皇陵兵马俑是可以同埃及金字塔和古希腊雕塑相媲美的世界人类文化的宝贵财富，而它的发现本身就是20世纪我国最壮观的考古成就。

法国前总统希拉克对它的"世界第八奇迹"的赞誉，使秦始皇陵为更多的世人所知。世界文化遗产的桂冠，为它更增光彩。

延 伸 阅 读

始皇帝陵是我国第一座皇家陵园，在我国近百座帝王陵墓中，以其规模宏大，埋藏丰富著称于世。1987年，联合国教育、科学文化组织，把秦始皇帝陵列入世界文化遗产保护目录，成为全人类共同的财富。

埃及法老塞提墓室秘道

墓室隧道的尽头

2010年7月，埃及考古学家宣布，他们已完成埃及法老塞提一世墓室隧道的挖掘工作，在这个有着3300年历史的法老古墓中，出土一批具有重要考古价值的文物，并最终揭开众多关于这条隧道的谜。

此次挖掘工作开始于2007年，在3年时间内，考古人员将大量

碎石和文物通过轨道车运到地面。考古小组经过3年的挖掘，突然遇到了一堵墙。考古人员认为，古埃及人在卢克索附近的帝王谷岩石中开凿了一条深达174米的隧道后，突然停止了工作。

埃及古文物最高管理委员会主席扎希·哈瓦斯认为，开凿工作始于塞提一世法老在位期间的公元前1294年至公元前1279年，不过，上面的墓室当时已经完工。法老塞提一世死后，这项工作可能就停止了。埃及古文物最高管理委员会地区负责人、考古学家穆斯塔法·瓦兹利说："我认为他们当时计划在那里建造另一

座地下墓室。这项工作很仓促地停止了。不过，楼梯的保存状况很好，这令人感到惊讶。"

进入墓室通道

在摄于1960年的照片上，有一条用砖砌成的拱道通向埃及法老塞提一世墓室下方的隧道。那时，考古人员还在清理残骸，希望到达藏有宝物的墓室。早在1817年，人们便了解到塞提一世墓室的隧道，那一年，意大利探险家吉奥瓦尼·巴蒂斯塔·贝尔佐尼在帝王谷内发现并发掘了塞提一世的墓室。

20世纪60年代的挖掘工作仅进入到墓室隧道约100米处。在最新一次探索中，为了深入隧道，考古队采取了多项新的预防措施，最主要一项是用金属材料将隧道顶部支撑起来以防坍塌，就像煤矿开凿隧道采用的方法一样。

法老陵墓剖面图

在剖面图上，古埃及工人正在山中开凿并修饰塞提一世陵墓。由于深深嵌入帝王谷顶高耸的石灰岩质悬崖上，塞提一世墓室成为难度最大、也是最值得探索的墓室，同时它还是帝王谷中最华丽、最大的法老墓室。帝王谷还是古埃及法老图特卡蒙陵墓的所在地。

2008年，专家宣布他们在塞提一世墓室发现了一条新的隧道，使得这一墓室的长度从100米扩展至136米。在塞提一世墓室墙壁上，数条蛇守候在陡峭隧道的底部。据埃及考古学家穆斯塔法·瓦兹利介绍，这说明隧道可能从一开始就规划好了。因为壁画描述的场景可能跟古埃及《祈祷书》内容有关，在这本书中，一条蛇作为向导引导善人重获新生。

除了隧道以外，塞提一世墓室其他地方都覆盖着浮雕。不过，考古学家在台阶上发现了红色涂鸦以及看似设计师的提示，大意是："把门轴向上移以扩宽通道。"从古埃及第十八王朝开始，人形塑像就成为法老墓室的必备陪葬品，在新发现的隧道中就找到这样的人形塑像。

人形塑像通常数百个一堆被发现，古埃及人认为，这些塑像是在后世服侍法老的农民和其他劳工的化身。塞提一世墓室中发现的人形塑像年代可追溯至第十九王朝，考古人员在它们的旁边还发现了同一时期的陶器。

塞提一世秘道深处

在塞提一世墓室下面新发现的楼梯并不是墓室的唯一通道。

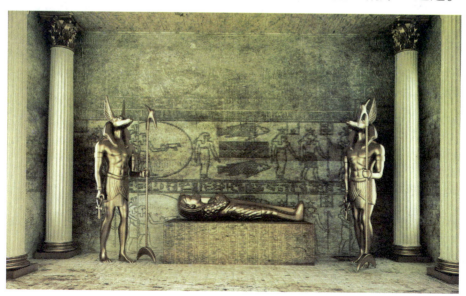

2009年8月，埃及古文物最高管理委员会主席扎希·哈瓦斯爬到了新发现的塞提一世秘道深处，发现这条隧道并未完工在一定程度上揭开了一个考古之谜。

埃及考古学家穆斯塔法·瓦兹利说："我们希望能找到塞提一世藏起来的宝物，这是我们挖掘工作刚开始的想法。不过，当我们利用高科技仪器到达隧道的尽头后，没有再发现任何有价值的文物，所以，我并不认为他们遗留了什么东西。"

延伸阅读

塞提一世是古埃及历史上最伟大的法老——拉美西斯二世的父亲，塞提一世的陵墓于1817年被意大利考古爱好者贝尔佐尼在帝王谷中发现。塞提的木乃伊被认为是在皇家木乃伊中保存的最好的，然而木乃伊不是在他的墓穴中找到的，相反，他是在1881年在迪尔巴特里的一处储藏室里被找到的。

沙丘状的巴林万坟岛

世界最大的冢林

万坟岛位于1971年获得独立的巴林境内，巴林是波斯湾上的一个岛国，靠近阿拉伯海海岸，面积仅669平方千米，人口40万，由33个小岛组成。主岛巴林岛面积562平方千米，岛上坟墓超过了17万座，被称为"万冢之岛"。

这是世界上最大的史前冢林，盘踞在巴林岛北部，位于首都麦纳麦以西，占地30多平方千米。从飞机上俯瞰，这些排列整齐的人工土丘，如同海浪一般在大地之上连绵起伏。

巴林古墓的特点

1879年，英国人初次挖掘，才知道这些土丘是坟墓。这些坟墓一层叠一层，最高达10米。古墓的历史上限在公元前3000年的青铜器时代。

由此推断，几千年来，前人之墓被泥沙埋没，后人复葬其上，从而形成这种令人称奇的景观。而在坟层之下和坟林附近，还发现了古人聚居的村落和城镇的遗址。巴林古墓有两类：多数是单墓，比较简陋，可能是葬平民的；双墓并葬的不多，大概葬的是上层人物。双墓的坟头高出地面4.6米，直径20米，陪葬品甚为丰富，除了羊、羚羊、狗等动物的骨骸，大量的条纹陶罐、红釉花瓶、金属矛头、匕首外，还有黄金制的辟邪佩物、刻有精细花纹的青铜器、银器、鸵鸟蛋壳制的饰物，以及象牙制的小盒子等。地下埋着的两座城市遗址同4000多年前的巴比伦城一样古老。表层出土的晚期文物，有印度的陶器，地中海沿岸的天青石制品，东非的象牙制品，我国的灯碗、古钱等，说明当时对外贸易非常发达。

巴林的历史

虽然巴林没有留下史书，但从阿拉伯各国的古籍中可以看出，在公元前3000年前后，这里已有原始形态的国家组织，即狄尔蒙国。后来，这里经常发生战乱，致使城镇遭遇毁灭性的打击。再后来，巴林先后沦为葡萄牙和英国的殖民地，直至1971年

才获得完全独立。

　　巴林的历史跌宕起伏，几度兴盛又几度衰落，那一层叠一层的坟墓之下所埋藏的千古之谜，到底何时才能被解开？

延　伸　阅　读

　　　　公元前2795至公元前2739年，两河流域的苏美尔人企图打通波斯湾到印度洋的商路，故而数次摧毁了古狄尔蒙国的都城，致使这里的文明被毁灭，很久以后这里才有了新的城市。

苏丹的小金字塔

苏丹北部的金字塔

非洲给人的印象，除了自然景色壮观、野生动植物众多外，还充满了迷惑与神秘，比如苏丹鲜为人知的小金字塔。在苏丹北

部达米尔和善迪两座城市之间，有一种用红石块建造的小金字塔坐落在可以俯视尼罗河流域的高地上。这些金字塔有20多座，最大的有30多米高，塔与塔之间相距很近，有的塔基几乎相连，它们的形状和埃及金字塔不一样，塔身陡直，塔基突出部分有一座拱门，里面有一条通道。由于这一带找不到花岗岩，这些金字塔都用砂岩建造，而且内部用砂和碎石填充，不像埃及的金字塔那样完全用石料砌成。

据历史记载，大约在公元前300年，努比亚人的政治和经济中心从纳巴塔向东南迁移，在麦罗埃建成了他们最后一个首都和最大的城市。在城外的两条沙脊上，麦罗埃历代国王和王后们建造了40多座金字塔作为自己的陵墓，每座金字塔前都建有祠堂。但到了4世纪，麦罗埃逐渐衰亡，小金字塔也无从考查了，直至19世纪后期才被考古学家发现。

专家学者的争论

学者菲力普斯认为，这些苏丹金字塔和埃及金字塔的作用一样，是公元前3世纪开始的麦罗埃历代国王和王后的墓，墓就在塔下面。有人已对该王国首都所在地进行了挖掘工作，并挖出一个规模巨大的城市遗迹：3条林荫大道和多处贵族住地。两位法国专家艾赫利和爱乃尔则认为，苏丹金字塔是颂扬埃及主神的巨大神龛，是赞美生活和创造的神庙，与法老陵墓之说毫无关联。他们认为麦罗埃文化深受埃及文化影响，所以苏丹金字塔同样是宗教建筑，而非王朝历代国王和王后的陵墓。

人们普遍认为，在埃及建造巨大的金字塔是把沙子沿塔的四周堆成斜坡，这样工匠们才能顺着斜坡把巨石放到规定的位置

上。因而有的学者就认为苏丹金字塔采用了同样的建筑方法，但是，德国著名考古学家欣克尔博士却认为，麦罗埃金字塔之间的距离很近，不可能使用把沙子沿塔四周堆成斜坡的方法建造。

苏丹金字塔是何人所建的呢

这些苏丹金字塔是何人所建的呢？历史文献没有明确的记载。不少专家和学者当然认为这是麦罗埃人民的伟大杰作。还有的学者仍认为这些金字塔和埃及金字塔一样是"外星人"的杰作，因为至今仍无法想象古人能建造出如此雄伟、奇特的建筑物。

山东大学博士齐涛在《外星人之谜》一书中，认为"外星人"并没有光顾过地球，"外星人"实际上是人类的"先人"。既然地球上没到过外星人，那苏丹和埃及的金字塔为什么会突然

出现？为什么会缺少一个文明之前的过渡时期？

　　齐涛认为，大理冰期和冰后期的洪水是解决这一问题的两个关键。从现代地质史上可以看到，人类的发展史几乎与第四纪冰期的发展史相一致。

　　据地质学研究，在18000年前达到盛期的大理冰期，冰川的扩张使海平面下降了100多米，这样，大陆架上的相当一部分地区"沧海变成桑田"。

　　由于全球性气候变得干燥寒冷，我们的祖先们便会更集中于海滨河口或其他相对湿润温暖的沿海地区。这样，在欧、亚、非三洲之交的地中海谷地，西亚的波斯湾谷地，东南亚的马来半岛，我国的黄海和东海沿岸都孕育出了一个人类文明的繁荣时期。

　　但是在10000年前左右，地球气温上升了8至10度，这直接的后果是冰川溶化，造成一场洪水大灾难，数万年以来一直裸露的大陆架遭到灭顶之灾，这些文明的光芒被淹没了，之后人类又重新开创自己文明的新纪元。对于这个新观点，看法不一，争论并未停止。

延　伸　阅　读

　　卡拉夫王的继位者孟卡拉王，同样地在基沙兴建金字塔，不过规模比前者小，底部边长只有108米，高度也只有67米，实际体积仅及胡夫王金字塔1/10，而且所用的石块较重，雕琢较粗糙，可能在仓促下建成的。

金字塔惊人的学术之谜

胡夫金字塔的特点

在古代世界有七大奇迹，埃及的金字塔被誉为"七大奇迹"之冠，其中最为壮观的一座叫胡夫金字塔，它约建于公元前2700多年。

塔高146.5米，塔基每边长230.6米，占地约52900平方米，总重量684.8万吨。塔身用230万块巨石砌成，平均每块重10吨，石

块之间不用任何粘着物，而由石与石相互叠积而成，人们很难用一把锋利的刀片插入石块之间的缝隙，时近5000年，这是人类有史以来单个最大的人工建筑物。

胡夫金字塔内部特点

　　室内仅有一具深褐色磨光的大理石石棺，棺内空空，棺盖去向不明。墓室上方有5层房间，最高的一层顶盖是三角形的，为的是把上面压下的重量均匀地分布在两边。同时，墓室还有砌筑在石块中的通风道。

　　胡夫大金字塔外形庄严、雄伟、朴素、稳重，与周围无垠的高地、沙漠浑然一体，十分和谐。它的内部构造复杂多变，匠心独具，自成风格，凝聚着非凡的智慧。

　　该金字塔历经数千年沧桑，地震摇撼，不倒塌，不变形，显示了古代不可思议的高度科技水平与精湛的建筑艺术。联合国教科文组织因此把它列为全世界重点保护文物之一，成为古埃及文明的象征。

金字塔的数据特点

自重×10^{15}＝地球的重量。

塔高×10亿：地球到太阳的距离

（塔高）2＝塔面三角形面积

底周长：塔高＝圆围：半径

底周长×2＝赤道的时分度

底周长÷（塔高×2）＝圆周率

你相信，这些数字仅仅是巧合吗？

另外，延长在底面中央的纵平分线，就是地球的子午线，这条线正好把地球的大陆和海洋平分成相等的两半。金字塔的塔基正位于地球各大陆引力中心。大金字塔的尺寸与地球北半球的大小，在比例上极其相似。

地球两极的轴心位置每天都有变化，但是，经过25827年的周期，它又会回到原来的位置，而金字塔的对角线之和，正好是25826.6这个奇怪的数字。

人们苦思冥想，如果不是巧合的话，4500年前的古代埃及人怎么有如此精确的测算呢？

阶梯金字塔

阶梯金字塔位于开罗南部30多千米外的萨卡拉城。这个由多个金字塔和庙宇组成的建筑群，修建于公元前2700年。

阶梯金字塔的设计人是被称为"智慧之神"的伊姆霍泰普，

他是古埃及国王左塞尔的宰相。正是他设计了一层层"天梯"似的金字塔雏形，并且将陵墓内室设计的异常复杂，使盗墓人无从下手。

阶梯金字塔不仅是埃及最早的金字塔，它也是世界上最早用石块修建的陵墓。

弯曲金字塔

弯曲金字塔是公元前2600年由埃及第四王朝第一位法老萨夫罗修建的，位于距离开罗西南27千米处的萨卡拉地区。

它是仅存的表面平滑金字塔之一。这种金字塔的表面因保留了金字塔原始的石灰岩外壳而显现出了金字塔最原始也最为光彩的一面。

这个高105米的金字塔在塔身超过一半高度的时候角度突然出现变化，由52度倾角变为43.5度倾角，也因此使得整个金字塔弯

曲了起来，远看与中国的坟冢有些神似。

红色金字塔

红色金字塔是弯曲金字塔的主人萨夫罗的另一座金字塔，就坐落在弯曲金字塔附近。它被认为是埃及最古老的"真正"的金字塔。

使这座金字塔出名的原因显而易见，那就是所采用的建筑材料是红色石灰。它淡红色的外观为它赢得了"红色金字塔"或"玫瑰色金字塔"的美号。

延 伸 阅 读

古代金字塔，大部分是用石块堆积而成，质心接近基座，层级越高使用材料越少，这样可以有效地抵挡自然灾害。因为从侧面无论哪个角度看上去都像中国的汉字"金"，故在中国被称作金字塔，而该名称与金子没有任何关系。

太阳神巨像今安在

罗德岛的神奇传说

爱琴海上的罗德岛是古希腊文明发源地之一。在神话传说中，远古时代，希腊诸神争夺神位的战争结束后，宙斯成为众神之王。宙斯给诸神分封了领地，唯独忘了出巡天宫的太阳神阿波罗。等阿波罗出巡归来，宙斯指着一块隐没在爱琴海深处的巨

石，把它封赐给了阿波罗，巨石欣然升出海面，欢迎太阳神阿波罗来居住。

阿波罗对这块领地颇为满意，用他的妻子爱神阿芙罗狄蒂之女罗德斯的名字，命名为罗德岛。他的3个儿子卡米诺斯、莫诺利索斯、林佐斯也分封在岛上，各自建立了自己的城邦。岛上繁荣富庶，文明兴起。公元前408年，几个城邦联合，组成统一的罗得国，从此国家更为强盛。但罗德国的繁荣，也引来了战争。雅典、斯巴达、马其顿等国相继入侵，城池屡遭破坏。公元前227年，一场毁灭性的大地震毁掉了岛上的所有城市。

太阳神雕像是什么样

罗德斯岛太阳神巨像铸造于公元前302年，是为了纪念公元前305年发生的一场战争。公元前305年亚历山大国王继承人之一安琪柯的儿子米特里·波里奥克特企图谋取霸权，进攻罗德岛，罗德人民英勇奋战，打败侵略者取得了战争的胜利。为了纪念这次保卫战的胜利，罗德人用缴获的12.5吨青铜武器，熔化后铸造了这尊高达36.5米的太阳神阿波罗巨像，前后历时12年之久，这一巨像是罗德雕刻艺术的珍品。

令人遗憾的是巨像于公元前224年毁于一场地震。

长久以来，有关巨神像的模样众说纷纭，一般人都相信它是两脚分开、手持火把，站立于罗德岛曼德拉港口的入口处，船只由其胯下经过。然而，研究显示以港口的阔度和巨像的高度来计算，这种结构不合常理。因为巨像跨越港口入口必须要250米高才能办到，不论以金属或石块来建造，跨立的巨像绝对无法承受巨大张力和冬季强风，而且倾倒后巨像的遗迹也会阻碍港口，所以估计真实的巨像应该立于港口东面或更内陆的地方。

太阳神雕像去哪了

关于太阳神巨像的下落，有人说由于铜像没法重新竖起，在7世纪被分解熔化制作成其他器械；有人说铜像被盗走，贼船在海上遇风沉没了。后人只能根据史书简略的记载想象它的规模，据说，美国纽约自由女神像即以太阳神巨像为蓝本，那手擎火炬、头戴光冕的姿势就带有太阳神巨像的影子。

考古学家的努力似乎为了解真相带来了一线希望。随着对罗德岛考古发掘的深入，一枚出自公元前3世纪的钱币引起了人们的注意，这枚钱币上有太阳神赫利阿斯的头像。经专家鉴定，这个头像正是太阳神巨像作者哈列塔斯作品的临摹画。

　　但遗憾的是铜币上只有赫利阿斯的头像，没有身体，巨像的姿势依然无法推测。也许将来有一天，考古学家们能为我们解开这个千古之谜。

延　伸　阅　读

　　希腊神话里被称为太阳神的有3位，但真正的太阳神是赫利乌斯。第二位是赫利俄斯，他的的形象为高大魁伟、英俊无须的美男子，身披紫袍，头戴光芒万丈的金冠。他每天驾驶着4匹火马拉的太阳车划过天空，给世界带来光明。而罗德斯岛上的雕像是与赫利乌斯混淆，同时也被奉为太阳神的光明之神的阿波罗。

我国金字塔是祭坛吗

我国的金字塔

众所周知，在古埃及有世界奇迹金字塔，如果说我国也有金字塔，恐怕不大令人信服，但这是真的。

在辽宁省西部山区发现5000年前的女神庙积石冢群以后，人们期待着能有更惊人地发现。果然没有让人们失望，几年后，在这个5000年前的神秘王国，也就是指牛河梁红山文化遗址上，又

发现了一座5000年前的圆锥形"金字塔"式建筑和红山文化时期的冶钢遗址，还出土了一批很有研究价值的玉雕。

金字塔的结构特点

在距离女神庙1000米的地方，有一座小土山，山上到处散布着带有红山文化特征的"文"字纹彩陶片以及冶钢坩锅片，这个现象引起考古专家的注意。

1989年夏，经过初步发掘证实，这座土山竟是全部用人工夯筑起来的，地上部分夯土堆直径近40米、高16米、外包巨石，内石圈的直径为60米，外石圈的直径约为100米。夯土层次分明，估计总量在数10万立方米以上。

金字塔的形状为圆锥形，小抹顶。土山上面用3圈石头围砌起来，每一层石头伸进去10米，高度为1米，山下面亦用3圈石头围砌起来。金字塔顶部是冶钢遗址，有1500个炼红铜的坩锅。坩锅约有0.4米高，锅口直径约0.3米，整个坩锅像现代人用的水桶一般大小。

在大金字塔周围，还有30多座积石冢，这些积石冢都是圆锥形、大抹顶。这里和古埃及的金字塔相比，布局是一样的。古埃及也是以大金字塔为中心，周围是小金字塔群。

金字塔是帝王陵吗

这些巨型"金字塔"式建筑物的作用是什么呢？它也是帝王的陵墓吗？有的认为这可能是辽西原始文明古国的祭坛，也有人推测是王者的陵墓。

考古工作者对围绕在大金字塔周围的小金字塔群进行了部分发掘，出土了大批玉器，收获是丰富的。在一座积石冢的中心大墓里出土了一具完整的男性骨架，头部有两个大玉环，胸部佩戴着双龙相交的勾云形玉佩，头的上部有玉箍，腕部有玉镯。令人感到困惑的是，死者双手各握一玉龟，一雌一雄，相配成对。

有人认为，玉龟可能

是一种权力的象征，死者可能是个仅次于王者的首领人物。也有的人认为，玉龟可能是当时氏族部落集团的图腾崇拜物或保护神。

在另一座积石冢中也发现了20余种玉器，墓内也是一具男性骨架，身高1.8米左右。他的头上横置着玉箍，左右肩和手腕等处皆佩置玉环，腰的下部则是一个玲珑剔透的大猪首玉饰，猪的两只大耳特别夸张。在死者的胸部，佩戴了一只碧绿色玉乌龟，令人惊奇的是乌龟无头、无尾、无足，浑然一体，这是什么意思呢？

延 伸 阅 读

红山文化以辽河流域中辽河支流西拉沐沦河、老哈河、大凌河为中心，分布面积达20万平方千米，距今五六千年左右，延续时间达2000年之久。社会结构是以女性血缘群体为纽带的部落集团，晚期逐渐向父系氏族过度。

我国最大的古崖居

延庆古崖居的文化

古崖居，一个千古之谜的人文遗迹。它坐落在京郊延庆西北部山区一条幽静的峡谷中，它是由一支不见史志记载的古代先民在陡峭的岩壁上开凿的岩居洞穴，计有117个。此遗址已被评为北京市风景名胜区，是北京市重点文物保护单位和全国青少年教育基地。

延庆古崖居也被称之为"中华第一迷宫"，是由古代先民在

陡峭的山崖上凿建的居室。它是目前北京地区发现的规模最大、档次最高的古人洞窟聚落遗址，其开凿年代和用途至今仍是众说纷纭，莫衷一是。吸引着越来越多的专家学者，求知欲强的青年和乐于寻古探奇的游人。为了加强对这一人类历史文化遗产的保护，1990年被北京市文物局列为市级文物保护单位，对研究北方民族文化、历史、习俗，具有深远的意义。

崖居的构造特点

崖居依其开凿的石室位置所形成的自然村落可以分成前后两个区域。前沟南北东三坡凿有91处石室，后沟东坡一处凿有26处石室，共计117处石室。这些石室的洞口毗邻，位置错落有序，石室一般高1.8米，呈长方形或正方形，其中以一明两暗的3套间居多。全部石室分布成楼层状，层与层之间有石蹬、石梯和栈桥相连。

走进古崖居，可以看到，古崖居留有许多的人类生存痕迹。这些洞穴或呈长方形，或呈正方形，还有的为圆形；有单间、套间及三套间；有的上下相通，有的左右相连；各个洞穴内分别凿有石门、石窗、石炕、石灶、马槽、壁橱、气孔、排烟道、廊柱等，一应俱全，且布局十分合理。

其中，有一处开凿相对豪华的居穴被称为"官堂子"，它建造得相当精巧，而且位于最高处。在宽敞的大殿内，四根雕凿细致的石柱撑起洞顶，中间一张宽大的石床，内有石桌石凳，不用说，这是头领的住处。

古崖居有什么用途呢

人们在大山之中开凿出来的大量石洞，是干什么用的？许多专家认为，这些石洞是少数民族民众和汉族民众避难居住的场所。也有人认为，这些石洞的数量虽然很多，但是绝大多数的石洞却没有供人居住的设施，只有极个别的洞穴中存有石床的遗迹。显然，这些洞穴的主要功能是用来储藏物品的。

古崖居的建造者是谁

那么，谁有能力在深山之中开凿出如此大量的石窟呢？专家测量发现，几乎所有的房间高度，基本都在1.7米至1.8米之间，在今天来看普遍偏低。古崖居层高这么矮，会不会在这里面生活的是一群小矮人呢？

根据以往的研究，人们相信，居室的大小、高矮一定与住在里面的人密切相关。在古崖居里面，发现的东西不是很多，和人之间能够产生关系的就只剩下一个火炕。火炕的长度很不一致。有一米多长的，也有两米多长的。但是，大多数的宽度都在1.6米左右。我国北方火炕的宽度往往能够反映出使用者的身高。由居室的高度与火炕的宽度可以推测，古崖居的主人平均身高在1.6米左右。

另外，专家还发现了一个很有意思的现象，古崖居的房间都是坐东向西，这很不合常理。古崖居的建造者，深处北方这样一个比较冷的环境之下，他们居然舍弃了阳坡，而把房子盖在了背阴处，的确让人很难理解。

在测量火炕的同时，又有了一个意外的发现：火炕的分布

不平均，前山与后山差别很大。前山洞穴面积比较大，而后山火炕、马圈则比较齐全。

不可思议的是，古崖居整个山体都是花岗岩石结构，古人如何能把这一整座石头山开凿成一幢"大楼"？在屋内墙壁上可以看见一道道刻痕，专家们疑惑，使用古代的铁质工具，能完成这样的工程吗？神秘的建造者又是谁呢？

延　伸　阅　读

1984年，北京延庆县文物管理所前任所长程金龙，在村民的带领下，发现了规模庞大、整整齐齐的一排排洞室，这就是古崖居。在历史文献中，没有任何与这些石屋相关的记载。

长沙走马楼简牍的发现

古井出土的文物

1996年10月17日，考古工作者在湖南省长沙市中心五一广场东南侧走马楼一带的施工场南部发现了4口古井。一位队员在一台挖掘机附近散落的几堆黑色淤泥发现了墨书文字遗迹，随后他们发现这些墨书文字竹、木板都出自于一口古井遗迹。只可惜井坑的上层已被夜间施工的挖掘机的反铲掀开了半边，考古队员获悉

后利用现有条件实施了现场紧急保护措施。

有关人员经过对竹木简牍出土现场的进一步勘查，通过严格、艰苦的发掘工作，使一大批珍贵历史简牍文物得到保护，使其损失获得了最大限度的挽回。

孙吴时期的简牍

这一古井共出土了约10万片孙吴时期简牍。并以此硕果荣膺1996年度"我国十大考古发现"之一的称号。三国时代战乱纷纭，文献史料也因此多有散佚，传世者罕见。长沙走马楼简牍的出土恰恰弥补了这方面的不足。同时，长沙走马楼简牍也为我国书法史的研究提供了一大批形象生动的珍贵资料。三国孙吴简牍的惊人发现，创下了20世纪我国考古简牍发现的最伟大的世纪记录。

东汉简与吴简的关系

2010年6月22日，长沙市五一广场地铁施工点出土了一批古代竹简。专家认为这批竹简为东汉竹简。同样在这个地方，出土了走马楼吴简，那么它们之间有什么关系呢？

这批东汉简与走马楼吴简之间可能会有所关联，对于走马楼吴简的研究有着一定的帮助。有人认为，之前对于走马楼吴简的研究，有些内容有猜测成分，现在东汉简的出土，或将证实或否定这些猜测，"朝代虽然是断裂的，但历史是可以连接起来的，吴简和东汉简所载史料可能会有所关联"。

目前，相关文物考古部门在进行科学发掘，这些隐藏在城市中心的历史秘密，不久就会重现到我们面前，东汉简与吴简之间的秘密也会迎刃而解。

延　伸　阅　读

1930年至1931年间我国学术协会与瑞典组成的西北科学考察团在今甘肃额济纳旗居延地区发掘出10000余枚汉代简牍，这是居延汉简的第一次发现，同时也是在这以前出土最多的一次。

秦始皇陵兵马俑和铜车马

秦始皇陵的兵马俑

1974年，陕西临潼县宴寨乡西杨村农民在秦始皇陵墓东侧打井时，惊奇地发现了一些和真人大小相仿的秦俑。此后，新的发现越来越多，随着发掘的规模和范围不断扩大，经国务院批准，于1978年成立了秦始皇陵兵马俑博物馆。

秦始皇兵马俑坑一共有4个。1号坑规模最大，埋藏了大约

6000个兵马俑。另外还有一个4号坑，是一个未完成的坑。一次出土这么多陶俑，在世界上也是仅有的。因此，其被人称为世界"第八大奇迹"。

秦俑敢死队为何不戴头盔

然而，一些考古专家发现了一个令人费解的现象，兵马俑中的士兵没有一个人戴头盔，是什么原因使得这些冲在战争第一线的士兵和将领不戴头盔？秦国能够统一六国，为什么连头盔都不给士兵配备？

西北大学历史系主任、秦汉史专家徐卫民教授认为，秦国本身就是个崇尚武力的民族，这就好比日本崇尚武士道精神一样，都是一个民族的精神。《史记》上说："秦，带甲百万。"意思是有百万身披盔甲的军队，这里的甲也仅仅是指盔甲，但是却不包括头盔，不同的兵种穿的盔甲不同，基本上这些盔甲是皮质的，很简洁，这些都是为了显示出他们尚武的精神。不仅如此，司马迁在《史记》中也同样记载：战场上的秦军竟然袒胸赤膊，索性连仅有的铠甲也脱掉了。

秦始皇陵的铜车马

1980年，在秦始皇陵西侧发现了两辆用青铜制作，以4匹马拉的战车，车体上绘有彩色纹样，马为白色，彩绘时所用颜料均为用胶调和的矿物颜料，利用胶的浓度塑造出立体线条。车、马和俑的大小约相当于真车、真马、真人的1/2。它完全仿实物精心制作，真实地再现了秦始皇帝车驾的风采。车马均有大量金银装饰，且这两辆铜车马都是先铸造成形，然后通过细致加工制作而成的，工艺水平相当高。

铜马身上璎珞和链条用的铜丝直径仅半个毫米左右，有的更

细。据推测，铜车马坑可能只是秦始皇陵陪葬坑组成的一部分。至今，铜车马上的各种链条仍转动灵活，门、窗开闭自如，牵动辕衡，仍能载舆行使。秦陵铜车马被誉为我国古代的"青铜之冠"。

延 伸 阅 读

秦始皇陵铜车为单辕双轮车，辕长2.46米，轮径为0.59米，车体分前后，平面呈凸字形，凸突部分是驭手所坐之处。可以见到跪坐着的铜御者。车室的后面有门，左右与正前有3个窗户。

奇特的古代岩画

奇特的澳大利亚岩画

　　澳大利亚西北部和中部有一些奇特的岩画：有的人身上穿着宽大、舒适的宇宙服，头上戴着头盔，脑后像释迦牟尼像那样闪着光芒。有的"宇航服"上居然有明显的拉链、身体下部有尾饰，头戴圆盔，头盔上还有观察孔，顶部有几根天线，整个身体

外面还有一个椭圆形的防护罩。阿兹洛克地区土著人描绘的"光的儿子"之神，他举起双手，呈和解姿势，自天而降，将自己的形象刻画于岩壁之上，然后又返回天空。因此，先民们把这样不可思议的人物视为神圣，保存至今。

　　一家专门探讨不明飞行物的网站"UFO区"声称，澳大利亚中部乌卢鲁国家公园中那些古老的岩石绘画描绘的其实是外星人光临地球的故事，这是外星人造访地球的证据。该网站声称："在遥远的过去，一个大型红蛋难以安全到达地面，最终坠毁。从蛋里走出几个白皮肤的人，后面跟着他们的孩子。"由于无法适应地球大气，成年人一个个死去。而孩子们却活了下来。后来，他们在岩石上画上父母的画像，以纪念离开人世的亲人。难道乌卢鲁公园里的岩画果真是外星人的杰作？澳大利亚公园管理部门女发言人玛丽·斯坦顿表示，乌卢鲁国家公园不会对这种荒诞的故事作出评论。

英国著名不明飞行物专家尼克·雷德费恩对乌卢鲁岩画是不是外星人所为这个问题并未直接回答，但他表示：很多令人感兴趣的故事就源自古代史，由此我认为，UFO现象很久以来便存在。

据记载，公元前329年，正当亚历山大大帝穿越印度河，欲大举入侵印度的时候，他在天空中看到了"若隐若现的银色盾状物"，不断在他们的头顶飞来飞去。很多人认为，UFO仅仅是现代现象，这种看法是错误的。全世界几乎每一个古文化都拥有关于陌生人和不同寻常的物体从天而降的传说。"

事实上，一些土著文化专家并不认同"外星人说"，这些绘画更有可能是古老的土著人神话的展现，而且这样的岩画非乌卢

鲁公园所独有，在澳大利亚很多地方都可以看到，它代表了很多不同的义化。

撒哈拉沙漠壁画的作者是谁

1850年，德国探险家巴尔斯来到撒哈拉沙漠进行考察，无意中发现沙漠的岩壁中刻有鸵鸟、水牛及各式各样的人物像。

1933年，法国骑兵队来到撒哈拉沙漠，偶然在沙漠中部塔西利台、恩阿哲尔高原上发现了长达几千米的壁画群，全刻在受水侵蚀而形成的岸石上，形形色色、栩栩如生表现出了远古人们生活的情景。

欧美一些国家的考古学家听到这个消息后也纷纷前来。1956年，亨利·罗特率领法国探险队在撒哈拉沙漠发现了10000件壁画。第二年，他们将总面积约1078平方米的壁画复制品及照片带回巴黎，一时成为轰动世界的奇闻。

撒哈拉沙漠是世界上第一大沙漠，气候炎热干燥。在这极端干旱缺水、土地龟裂、植物稀少的旷地，竟然有这么多绮丽多姿的大型壁画，从这些远古文明的结晶上来看，这就说明这儿曾经有过繁荣昌盛的远古文明。

从发掘出来的大量古文物看，距今约10000年至4000年前，撒哈拉不是沙漠，而是大草原，是草木茂盛的绿洲，当时有许多部落或民族生活在这块壮丽的沃土上，创造了高度发达的文化。这种文化最主要的特征是磨光石器的广泛流行和陶器的制造，这是生产力发展的标志。

在壁画中还有撒哈拉文字和提斐那古文字，说明当时的文化

已发展到相当高的水平。

　　壁画的表现形式或手法相当复杂，内容丰富多彩。从笔画来看，较粗犷朴实，所用颜料是不同的岩石和泥土，如红色的氧化铁、白色的高岭土、赭色、绿色或蓝色的页岩等。

　　这是把地上的红岩石研成粉末，加水作为颜料绘制而成的，由于颜料水分充分地渗入岩壁内，与岩壁的长久接触而引起了化学性变化，融为一体，经过风吹日晒而颜色至今仍鲜艳夺目。

　　壁画群中动物形象颇多，千姿百态，各具特色。动物受惊后四蹄腾空、势若飞行、到处狂奔的紧张场面，形象栩栩如生，绘画技艺非常卓越，可以与同时代的任何国家杰出的壁画艺术作品相媲美。

值得注意的是，壁画上的动物在出现时间上有先有后，从最古老的水牛至鸵鸟、大象、羚羊、长颈鹿等草原动物，说明撒哈拉地区气候越来越干旱。

但是，究竟是什么人在这儿留下了技艺高超、气势雄伟的壁画群呢？刻制巨画的原因又是什么呢？

揭开洞穴壁画的奥秘

1879年，考古学家在西班牙阿尔塔米拉的一个洞穴内发现了大量壁画。经过考证，这些壁画被证实是出自原始人之手，描绘的是当时的各种动物。其中大部分都是公元前15000年至公元前10000年的作品。

1902年，考古学家阿贝·亨利·布罗伊尔来到了这个洞穴，

不少动物的骨头被他从地下挖了出来，它们复原的模样与壁画上的一模一样。这证实了这些画的真实性，该洞穴也就因此被称为"史前艺术的西斯廷教堂"。

在阿尔塔米拉，考古学家们发现了牛脂制成的赭色画笔。这些画是当时的艺术家们小心翼翼地在几乎无法透入日光的昏暗内室中完成的。这表明当时人造光已经被使用了，事实上也的确发现了石灯。从穴顶上的绘画我们可以知道当时的人们已经使用的某种形式的脚手架。

许多考古学者认为，这些洞穴壁画很可能是某种迷信仪式的组成部分，即通过符号的诅咒使野兽易于捕获。古人也可能认为他们的捕获物身上所蕴含的勇猛和力量会通过绘画这种媒介而传给他们自己。

这些壁画的绘制过程是这样的：先用尖利的燧石雕出轮廓，然后添加各种不同的颜色。当时的艺术家们不能创造出绿色和蓝色，但可能从氯化锰、煤炭和烟灰中提取了黑色和紫黑色。褐色、红色、黄色和橙色是由铁矿石、动物血或脂肪和植物汁液混合制成的。

作画的工具品种繁多：手指、兽毛或羽毛制成的刷子，或一根捣碎的树枝条。不过艺术家们有时用苔藓作垫料，或者用中空的芦苇秆把颜色吹出来。

人们称创造壁画艺术的人为克罗马尼翁人，他们生活在公元前32000年至公元前10000年，也就是欧洲的石器时代。他们虽依靠采集植物和狩猎为生，却也不乏创造性的想象力。

考古学家的研究表明：克罗马尼翁人独特的文化有其连续性，生活在公元前15000至公元前10000年间的马格德林人的文化是这一时代文化最晚期的代表。

公元前10000年，冰川时代即将结束，气候慢慢变得温暖起来，自然万物开始复苏。马格林德人离开了洞穴，来到地面。农垦时代就这样开始了。而史前画廊就成了他们留给自身历史的一笔丰富的遗产。

延 伸 阅 读

澳大利亚岩画是大洋洲很多重要的岩画点集中地。北部的阿纳姆高地岩画和西北部的金伯利高原岩画，是澳大利亚北部最重要的岩画点。这里有古老的米米风格的岩画，有汪其纳岩画和许多动物图形的岩画。

让人眩晕的四只眼

奇怪的神像

北京密云古北口有个潮关村，这里三面环水，景色优美。小村庄里有一座与环境极不协调的破旧古庙，名叫瘟神庙，远近闻名，据说庙里有幅神奇的画像，所有站在这幅神像前的人都会感

到一阵阵的眩晕。

据当地人介绍，瘟神庙建于明朝，因为潮关村位于现在潮河边上，过去这条河叫鲍秋水，几百年前，鲍秋水几乎每年都会泛滥，都会有各种瘟疫传播给当地百姓。所以当地人便修建了瘟神庙，企盼能避开瘟神给他们带来的不幸。

人们的亲身体现

有人不相信，但当他们走进庙中时发现真如人们互相传说的那样，于是一种不祥的预感在村民中弥漫开来，很长时间村里无论大人小孩再也没人愿意走进庙中。

古北口历史文化研究会的人员第一次走进庙中，在距离3米远的距离观看四目神像后，也体验到了村民所说的眩晕感。有关研

究者说，这个让人感到眩晕、害怕的四目神像是方相神。传说方相神是一个非常吉祥的神，承担着驱逐危险力量、保护人间安全的职责，在我国现存的壁画中，只出现在山西芮城县的元代永乐宫中和北京延庆。

眼科教授的解释

北京大学人民医院眼科教授牛兰俊认为，四目神像让人感到头晕的秘密其实在他的4只眼睛上。在正常情况下，人们看神像最先看到的都是神像的眼睛，被看中的神像眼睛落入人眼的黄斑中心窝时，可视效果最清晰。

但是，因为神像有4只眼睛，人眼在和神像的眼睛对视时，眼

睛接受的光线很难找准。大脑在信号传递的时候，就会让人产生一些错觉，人们便不停地调整眼睛的各种肌肉，从而导致被看中的目标没有落入人眼的黄斑中心窝，因此产生视觉混淆和复视，产生眩晕感。全此，有关瘟神的秘密才被揭开。

延 伸 阅 读

　　古北口村位于长城脚下、潮河之滨，是首都的西北大门。村域内有保存完好的原生态自然风光，同时还拥有丰富的人文景观，优美的自然风光，这些都是祖宗留给古北口的财富。

4亿年前的化石仙蜕

神人仙蜕的来历

陕西省蒲城县号称化石之乡。据史料记载，汉武帝时期修建引洛水渠时，曾在此处挖出巨型龙骨，于是就将山改名为龙首山。唐明皇时曾在此地挖得奇异之石，状如盘龙。1961年，离蒲城不远处又掘出了著名的大荔人化石，至于其他动物化石，如古

象、古马，以至三叶虫，更是数不胜数。

《蒲城县志》记载着800年前的一次奇异人类化石的发现，被称为神人"仙蜕"，使考古学者们惊奇不已！

蒲城县尧山上，有座古庙，供奉着女神灵应夫人，据说此庙求雨甚灵。

金代皇统年间，蒲城遇旱，人们到古庙求雨，事也极巧，没隔几天，蒲城普降甘露，为答谢神灵，蒲城人决定扩建夫人殿。夫人殿旁边有一块巨石，阻碍了工程进程，施工者决定凿去这块巨石的一部分，以拓展地基，半个月后，巨石被凿去一半。

这时，工匠们发现巨石中出现了像蛛网一样的小空隙。继续凿下去，在空隙间，发现"枯骸一躯，印于石内"，头颅、臂、胚、肢体具存，石骨相合，犹如印人，在场的工匠非常惊讶，他们不明白的是何人将此人这样置入石中，因为这块巨石俨然一个整体，脉理相连，没有半点缝隙断裂的痕迹。

蒲城县的县令马扬听说此事，认真地查看了被凿去的石头，发现其断裂处还可以合起来，他琢磨半天也琢磨不出其中的奥妙，于是他命令在旧址上一丈处重凿一处新穴，装好骸骨，洞口封以石块，上题"仙蜕"两字，以使后人瞻仰。1976年，仙蜕被毁。

考古学者的考察

20世纪80年代，许多学者到蒲城寻访仙蜕下落，均没有收获。后有人到庙址附近考察，发现刻有记载"仙蜕"的残碑数块，这证明，县志的记载是可信的。

学者们又考察了庙址北侧及东西两侧，发现均为石灰岩质陡崖，

水平层理，岩层年龄已有4亿年。

人为什么会夹在4亿年前的岩石之中？800年前的古人曾感到迷惑不解。现代的科学家们更是瞠目结舌。因为，众所周知，人类的历史最多只有几百万年。

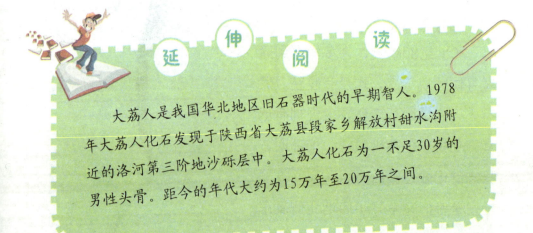

延 伸 阅 读

大荔人是我国华北地区旧石器时代的早期智人。1978年大荔人化石发现于陕西省大荔县段家乡解放村甜水沟附近的洛河第三阶地沙砾层中。大荔人化石为一不足30岁的男性头骨。距今的年代大约为15万年至20万年之间。

肯尼亚新古人类化石

发现人类化石

肯尼亚国家博物馆宣布，1984年2月23日，一批科学家在巴林戈湖以西的塔巴林发现了500万年前的一块人类化石，这是迄今为止世界上发现的最早的人类祖先的化石。

这块化石带有两个臼齿的上颌碎片。它在形状和大小上同南方古猿阿法种相似，南方古猿阿法种距今约300万至400万年。发现这块化石的意义在于，它填补了约1700万年前至约370万年前人类起源化石记录的空白，这是人类从类人猿中分出来的时期。

再现直立人骨骼化石

1984年10月18日，肯尼亚国家博物馆馆长利基博士宣布，在

肯尼亚北部图尔卡纳湖西岸发现了160万年前一具最完整的直立人骨骼化石。直立人是早期人类的祖先。发现的这具骨骼化石是一个12岁的男孩，高1.63米。这就证明直立人实际上同现代人一样高。直立人化石最早是在印度尼西亚的爪哇岛发现的，后来在我国发现北京猿人。

人类起源于非洲吗

1974年，考古学家在埃塞东北部曾发现350万年前的古人类化石"露西"，其后又在这一地域发掘出大量200万年至300万年前的古人类化石以及400多万年前的类人猿化石，这些都比"北京猿人"更久远。由此，1987年，国际学术界形成了较普遍的看法，即古人类的始祖在非洲。然而，"肯尼亚平脸人"的出现打破了人们原先对于人类各部分进化顺序的推断，从而认定人类起源于肯尼亚。但是，有一部分人不认同这一观点，它还需要更多的证据来证实。

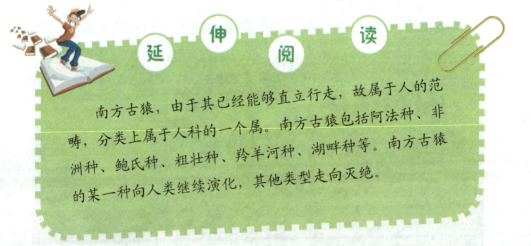

延 伸 阅 读

南方古猿，由于其已经能够直立行走，故属于人的范畴，分类上属于人科的一个属。南方古猿包括阿法种、非洲种、鲍氏种、粗壮种、羚羊河种、湖畔种等。南方古猿的某一种向人类继续演化，其他类型走向灭绝。

失踪千年的楼兰美女

历史上的发现

1980年，新疆发掘出一具女性干尸，这是至今为止新疆出土古尸最早的一具，距今约有3800年的历史。科学测定该女子死时为45岁左右，生前身高1.57米，现重10.1千克，血型为O型，出土时她仰卧在一座典型风蚀沙质土台中，墓穴顶部覆盖树枝、芦

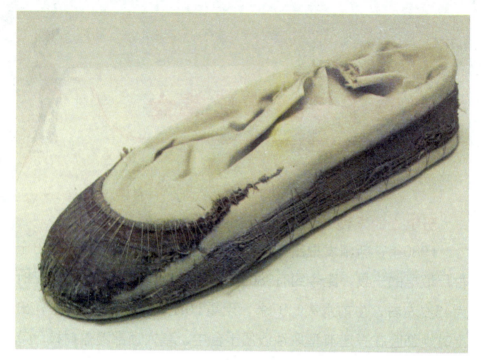

苇、侧置羊角、草篓等。她的体肤指甲保存完好。她有一张瘦削的脸庞，尖尖的鼻子，深凹的眼眶，褐色的头发披肩。她身上裹一块羊毛织的毯子，胸前毯边用削尖的树枝别住，下身裹一块羊皮，脚上穿一双翻皮毛制的鞋子，头上戴毡帽，帽上还插了两枝雁翎。这具3800年的古尸是否就是楼兰美女？

美丽的楼兰传说

相传，楼兰女在丝绸之路上久负盛名，以致西域王公贵族纷纷娶楼兰女为妻。

公元326年，割据敦煌的大军阀张骏趁天下大乱，派将军杨宣攻打鄯善。鄯善王元孟被逼无奈，不得不献出楼兰美女，这才平息了战争。这位金发碧眼的楼兰姑娘深得张骏的欢欣，不仅给她"美人"封号，还特地为她营造了一座名叫"宾遐观"的宫殿(见

《晋书·张骏传》）。

而敦煌汉长城出土汉简中，也提到"东叶捷翕侯、故焉耆侯虏址妻即鄯善女"。焉耆侯就是焉耆王，王莽篡位时，西域诸王都被降为侯。故知此简写于西汉末年。

有关学者的说法

曾经显赫一时的楼兰美女与其楼兰古国一起消失在大漠黄沙中，关于楼兰古国消失之谜一直是众说纷纭，没有定论。

据有关学者考证，共有以下说法导致了楼兰古国和楼兰美女的消失：一是楼兰消失于战争；二是衰败于干旱、缺水，生态恶化；三是与罗布泊的南北游移有关；四是与丝绸之路北道的开辟有关；五是被瘟疫疾病毁灭；六是被生物入侵打败。当时，一种

从两河流域传入的蝼蛄昆虫，在楼兰没有天敌，生活在土中，能以楼兰地区的白膏泥土为生，成群结队地进入居民屋中，人们无法消灭它们，只得弃城而去。

延　伸　阅　读

　　碳–14是碳的一种具放射性的同位素，生物在生存的时候，由于需要呼吸，其体内的碳–14含量大致不变，生物死去后会停止呼吸，此时体内的碳–14开始减少。人们可通过测一件古物的碳–14含量，来估计它的大概年龄。

耶稣裹尸布是真的吗

耶稣裹尸布的公开

1898年，意大利报纸向天主教徒们宣布亨伯特国王的一项决定：5月1日在都灵开幕的神圣艺术博览会上，他将批准把人们习惯称为"耶稣裹尸布"的那块布料公开展出。

要说这一消息震惊了许多人，那肯定是言过其辞了。当时，

人们对耶稣裹尸布的重视程度十分有限。人们把它看成是散布于基督教民族各地的众多圣物之一，其价值主要决定于各代信徒对它们的崇拜程度，因为信徒们比较注重朴素的信仰，而不大关心其真实性。

奇特的裹尸布

由萨瓦家族自15世纪中叶以来所保存的耶稣裹尸布到底是件什么物品？那是一块布料，宽1.1米，长4.36米。它放在一个金属箱子里，箱子有几道锁，只有同时得到都灵大主教和萨瓦家族族长的批准，才能打开箱子。而在1898年，萨瓦家族的族长就是意大利国王亨伯特本人。如果相信传说的话，这块料子就是耶稣的门徒将他从十字架上解下来时，作为裹尸布来包耶稣的那块料子了，使那些极少有机会观赏这块布料的人感到惊愕的是，布上有一些棕色斑点，其分布上显示出目光可见的两个人体，一个是正面的，一个是反面的，两个人的头是面对面的。

人们展开的争论

自这块裹尸布从中世纪在法国出现以来，出现了两个敌对的、有时是激烈对峙的阵营。一些人认为那块裹尸布是原件。他们解释说，那些比较粗大的斑点是血流在布上或汗弄在布上造成的，因为在裹尸时使用了香料，结果对化学反应起了催化作用。

其他人则表示极大的怀疑。他们断言，那些斑点是13世纪的一个画家所为。在中世纪，一位主教不是宣称，他听到过假造者的证词吗？另一位主教不也宣布禁止对这个所谓的圣物进行朝拜吗？人们在尚贝里城为裹尸布专门修建一座教堂，

以供展出，而且越来越隆重。编年史学家安托万·拉兰曾断言：
"为了证明圣物是真品，人们让它经受了非同一般的检验。"人们甚至将裹尸布放在油里和灰汁里煮了好几回，也未能够把布上的斑迹洗掉！我们能相信他的话吗？

1532年，裹尸布所在教堂发生火灾，裹尸布差一点被全部烧掉。一滴溶化了的银子将叠起来的布料的一角烧坏，结果烧了两串距离相等的洞，这些洞从照片上看得很清楚。为了灭火而浇在布上的水，在圣物上留下了对称的水渍印。由于巧合，正要烧到钉死在十字架上的人的痕迹时，火就停止了。有人称这是奇迹般的巧合，尚贝里的修女虔诚地对裹尸布进行了修补。

科学家的考察研究

由于社会上对耶稣裹尸布的真伪众说纷纭。1898年，都灵大主教终于同意一批科学家对裹尸布进行考察研究。人们发现这块亚麻裹尸布上留有一个明显的影像，也就是一个裸体、有胡子、留长头发的男人的图像。其大小同实际人体相等，死者的面容安详，其身体上留有鞭痕和钉痕，布上相当于死者的头、手、腰、足部位都有斑斑血迹。

有人猜测，1357年在法国夏尔尼伯爵领地利莱教堂展出的耶稣裹尸布，是十字军东侵时从君士但丁堡窃运而来的。同时，这些相信者们还发现：裹尸布图像上的脸型、披肩的发式及胡子都属于公元初的犹太人型，并且，裹尸布上的形象与呈西娜山上叶卡捷娜教堂中的圣像有45处相似，而与查士丁尼二世时货币上的圣像有65处相似。然而，不信者们也有自己的理由，他们认为，裹尸布的人形属裸体形象，这与当时的习俗相违背，因此，他们认为裹尸布是伪作。

科学的再研究

正当欧洲的科学家们争执不下的时候，从大洋彼岸的美国却传来了不同的研究结果。首先，科学家们提出了一个一致结论，认为这块裹尸布不是一幅画，因为裹尸布上没有发现颜料的成分，至于裹尸布图像的形成，他们通过1532年的那场

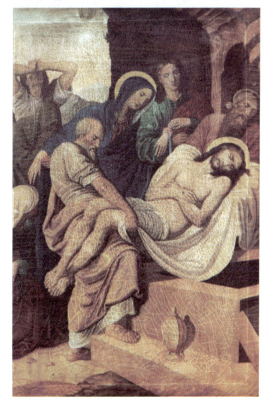

火灾所提供的线索得到了启发，断定这是由别人巧妙地用轻微的焦痕构成的。

其次，通过对尸布上的血迹的研究表明，裹尸布上留下的血迹确系人血。但经分析发现，血迹部分拍摄的底片上呈白色，证明尸布上的血迹是阳性的，而人体影像却是阴性的，这说明尸布上的血不是来源于尸体，而是后来加上去的。

由此，有些科学家断言，裹尸布上的耶稣图像是伪造的，这块亚麻布根本不是传说中的耶稣裹尸布。然而，这是否就能用来完全解释裹尸布的奥秘呢？科学家们对有些问题至今不解：裹尸布上的图像是立体形的，但古代人是否能掌握立体成形技术？

如果裹尸布上的图像是由焦痕形成的，那么要有怎样的烧烫技术才能绘制出这样的一幅图像呢？还有，历史上真的有过所谓的耶稣裹尸布吗？

延 伸 阅 读

1988年，英国牛津、瑞士苏黎世和美国亚利桑那州图森市的3家著名实验室得出结论，都灵裹尸布出现的时间大约1260年至1390年，并非耶稣的裹尸布。这一结论，再次对都灵裹尸布的真实性提出了挑战。